Die neue Arbeitswelt

Service – der Schlüssel zum Erfolg

W0460932

CHANCEN FÜR ALLE

Initiative Neue Soziale Marktwirtschaft

DEUTSCHER INSTITUTS-VERLAG

1. Service:
Lächeln statt Zähne zeigen

„Kann man aus einem Land der Malocher ein Land des Lächelns machen?" Hans-Jörg Bullinger, Präsident der Fraunhofer-Gesellschaft, hat da so seine Zweifel. Zwar könne nicht mehr von der berühmten „Dienstleistungswüste Deutschland" gesprochen werden, meint der gelernte Maschinenbauer und Professor für angewandte Industrieforschung, doch noch immer sei da jene deutsche „Mentalitätslücke" – im Land der Malocher ist Wirtschaft vor allem ein Synonym für Industrie: Man denkt an Eisen und Stahl, an den Maschinenbau und die Automobilindustrie, an Blaumann, Schutzhelm und Arbeitshandschuhe.

Gleichzeitig haben die Deutschen im Laufe der letzten vier, fünf Jahrzehnte eine Art Berührungsangst von fast nationalem Ausmaß gegen ganz bestimmte Berufe entwickelt: Ob (drei Beispiele nur) Straßenreiniger, Putzfrau oder Altenpflegerin – wer offenen Auges durch den deutschen Alltag geht, trifft in solchen Jobs schon lange wesentlich mehr Mehmets und Leonoras als Michaels und Lieschen. Auch die chronisch hohe Arbeitslosenzahl von über 4 Millionen hat so gut wie nichts daran geändert: Bestimmte Dienstleistungsberufe genießen im kollektiven deutschen Bewusstsein kein besonders hohes Ansehen. Zwar will ein jeder, dass Straßen gekehrt und Müll entsorgt wird; wir verlassen uns auf die öffentlichen Verkehrsmittel genauso wie auf die Qualität unserer Krankenhäuser und Schulen, und es spricht sich auch schnell rum, wenn irgendwo ein Unternehmen neuerdings rund um die Uhr telefonisch und selbstverständlich auch online zu erreichen ist. Doch selbst als Straßenreiniger („zu schmutzig") oder als Krankenschwester („zu schlecht bezahlt") zu arbeiten oder für einen besonderen Service zu bezahlen – das ist eine ganz andere Sache.

Zumindest ein klitzekleines bisschen dürfte diese „Mentalitätslücke" mit an der deutschen Sprache liegen. Dienstleistungsgesellschaft – das ist, um es mit

Mark Twain zu sagen, eigentlich kein Wort, sondern eine jener schwerfälligen deutschen Konstruktionen, deren „Erfinder hätte umgebracht werden müssen“. Gerade in diesem Fall erscheint uns das literarisch überhöhte Strafmaß durchaus angemessen, kommt doch bei der „Dienstleistungsgesellschaft“ erschwerend hinzu, dass nicht nur die Konstruktion selbst, sondern auch ihre Bestandteile von einem muffigen Flair umgeben sind: Dienst – schon der erste Teil des Wortes riecht förmlich nach genormten Schreibtischen in aschgrauen Büros. Und der Rest (des Wortes), also die Leistungsgesellschaft, ist zwar eigentlich gar nicht gemeint – besser macht das die Sache allerdings nicht.

Dienst ist Dienst, und Schnaps ist Schnaps. Dieses wohl deutscheste aller deutschen Sprichworte erzählt in seinem ersten Teil zwar von wertvollen Eigenschaften wie Verantwortungsgefühl und Gründlichkeit. Dann enthüllt es aber den recht altbacken anmutenden Zwang vieler Germanen, stets fein säuberlich zu trennen: erst Pflicht, dann Kür; hier Beruf, dort Privatleben.

Einkaufen rund um die Uhr? Ging doch bisher auch so, sagen die einen; arme Verkäuferinnen, meinen andere. Dass es in Dänemark, Frankreich, Irland, Schweden, Spanien und Großbritannien zumindest an den Wochentagen längst keine Einschränkungen der Ladenöffnungszeiten mehr gibt, und dass die Kunden diesen freiwilligen (!) Service als einen Gewinn an Lebensqualität empfinden – diese Sicht der Dinge hat sich dem „Volk der Malocher“ noch nicht erschlossen. Statt zu lächeln und sich über die Möglichkeit des 24-Stunden-Shoppings zu freuen, denken Millionen Deutsche an die Krampfadern in den Beinen der Verkäuferinnen und Verkäufer und beißen kollektiv die Zähne zusammen. Und wenn man sich entschließt doch etwas zu tun, kommt nur ein Mini-Reförmchen raus.

Ladenöffnungszeiten: Oft rund um die Uhr

	Montags bis freitags	Samstags	Sonntags
Belgien	5:00 – 20:00	5:00 – 20:00	
Dänemark	0:00 – 24:00	6:00 – 17:00	
Deutschland	6:00 – 20:00	6:00 – 16:00	
Finnland	7:00 – 21:00	7:00 – 18:00	Mai, Juni, Juli, Aug., Nov., Dez.: 12:00 – 21:00
Frankreich	0:00 – 24:00	0:00 – 24:00	
Italien	7:00 – 22:00	7:00 – 22:00	
Irland	0:00 – 24:00	0:00 – 24:00	0:00 – 24:00
Luxemburg	6:00 – 20:00	6:00 – 18:00	6:00 – 13:00
Niederlande	6:00 – 22:00	6:00 – 22:00	
Norwegen	6:00 – 20:00	6:00 – 20:00	
Österreich	6:00 – 19:30	6:00 – 17:00	
Portugal	6:00 – 24:00	6:00 – 24:00	Einkaufszentren: 6:00 – 24:00
Schweden	0:00 – 24:00	0:00 – 24:00	0:00 – 24:00
Spanien	0:00 – 24:00	0:00 – 24:00	
Vereinigtes Königreich	0:00 – 24:00	0:00 – 24:00	10:00 – 18:00

Stand: 2002; Belgien, Irland, Luxemburg, Norwegen, Spanien: Oktober 1999
Quellen: DIHK, IW-Zusammenstellung

Service Dennoch: Es steht außer Frage, dass der berühmte Megatrend der Tertiarisierung (also der Wandel von der Industrie- in die Dienstleistungsgesellschaft) auch in Deutschland längst Einzug gehalten hat. Problematisch ist deshalb nicht das Ob, sondern das Wie – sprich: die Tatsache, dass die drittgrößte Volkswirtschaft der Welt auf dem permanent wachsenden Service-Markt bislang nicht über internationales Mittelmaß hinaus gekommen ist. Drücken wir es einmal so aus: Würden (oder könnten) die Deutschen mehr lächeln, statt einfach nur die Zähne zu zeigen, dann hätten in diesem Land – mögliche gegenläufige Effekte in der Industrie außer Acht gelassen – zwischen 3 und 6 Millionen mehr Menschen einen Job – so groß ist nämlich nach verschiedenen Schätzungen die „Beschäftigungslücke" im deutschen Dienstleistungssektor.

Warum das so ist, und was wir (Politik, Wirtschaft und Gesellschaft) für mehr Service-Mentalität tun können, diesen Fragen wollen wir nun nachgehen. Bevor wir uns jedoch in den nächsten Kapiteln damit befassen, wie das brachliegende Beschäftigungspotenzial ausgeschöpft werden kann, müssen wir erst einmal wissen, wovon genau wir überhaupt reden. Deshalb machen wir zunächst einen statistischen Crashkurs in Sachen Dienstleistungsstandort Deutschland.

Das ABC der Dienstleistungen

Distributive Dienstleistungen sind Angebote für Betriebe und private Haushalte in den Bereichen Mobilität, Kommunikation und Transport. Wichtigste Anbieter sind der Einzel- und Großhandel, Speditionen, die Telekommunikationsbranchen und das Nachrichtenwesen.

Konsumorientierte Dienstleistungen sind der Service von privat für privat, also etwa die Leistungen des Gastgewerbes, hauswirtschaftliche Dienstleistungen wie Catering, Einkauf, Reinigungs- und Wartungsdienste, aber auch Pflege- und Betreuungsdienste.

Produktorientierte Dienstleistungen sind eine Art „Nebenprodukt" des Übergangs von der Industrie- in die Dienstleistungsgesellschaft: Das Produkt (zum Beispiel ein Computer) wird um ein reichhaltiges Service-Angebot erweitert (Beratung, Schulung, Installation, Wartung, Updates, Entsorgung).

Sozial-/gesellschaftsorientierte Dienstleistungen sind direkte oder indirekte Leistungen für Einzelpersonen bzw. Gruppen (Familien) und werden zum Beispiel von Schulen, Kliniken und Heimen sowie von der öffentlichen Verwaltung und dem Sozialwesen erbracht.

Unternehmensnahe Dienstleistungen sind staatliche oder privatwirtschaftliche Dienste für andere Wirtschaftsbetriebe. Anbieter sind vor allem Architekturbüros, Unternehmensberatungen, Steuerberater, Werbeagenturen, Wachdienste und Zeitarbeitsfirmen.

Quelle: Zusammenstellung Institut der deutschen Wirtschaft Köln

Im Grunde ist die Sache mit der Tertiarisierung ganz einfach: In dem Maße, wie in modernen Volkswirtschaften der Wohlstand steigt, verschiebt sich auch die Nachfrage. Sind Grundbedürfnisse wie Ernährung und Wohnen erst einmal gedeckt, geben die Menschen mehr Geld für industrielle Güter aus – ist dieser Bedarf dann gestillt (wobei natürlich immer wieder Nachschub bzw. Ersatz vonnöten ist), steigt die Nachfrage nach hochwertigen Dienstleistungen.

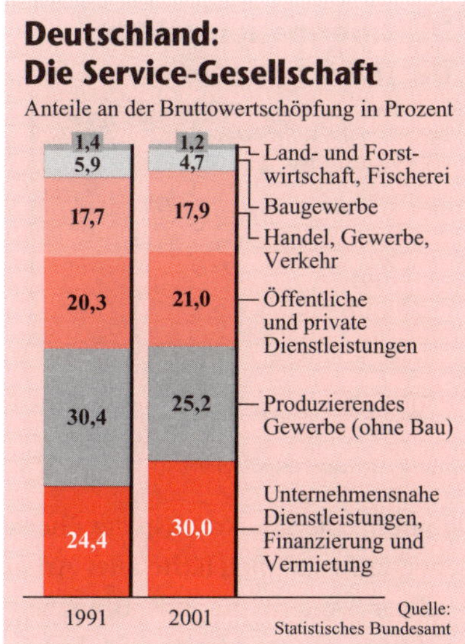

Dieses Muster gilt auch für die Bundesrepublik. So ist zum Beispiel der Anteil der Industrie an der gesamten Wertschöpfung im Laufe der neunziger Jahre um rund 5 Punkte auf 25 Prozent zurückgegangen – während der Service-Sektor um 6,5 Punkte auf fast 69 Prozent zulegen konnte. Dabei erzielt allein der Bereich „Vermietung und Unternehmensdienstleistungen" eine höhere Wertschöpfung als alle Branchen des Verarbeitenden Gewerbes (also die klassische Industrie) zusammengenommen.

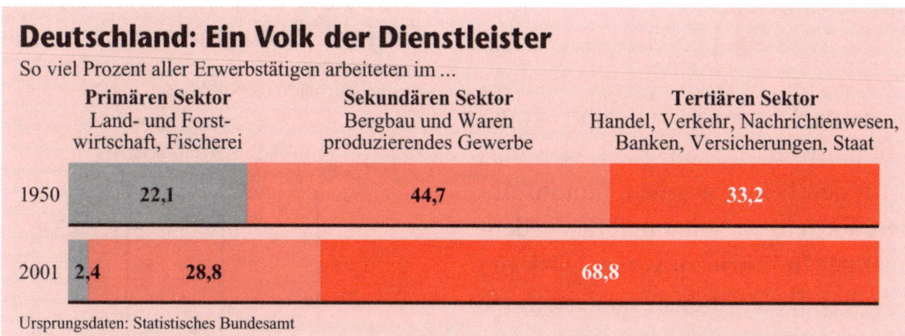

Wenngleich die Globalisierung in den neunziger Jahren das Tempo erhöht hat, der Service-Zug selbst hat schon viel früher Fahrt aufgenommen: Neun von zehn Firmengründungen zwischen 1976 und 1992 waren Dienstleistungsbetriebe und damit Teil jener Jobmaschine, die immer mehr Menschen ein berufliches Zuhause gibt. Arbeitete 1950 erst rund jeder Dritte in Handel, Verkehr, bei Banken und Versicherungen oder beim Staat, so sind heute schon fast sieben

von zehn beschäftigten Bundesbürgern (zumindest rein statistisch gesehen) Dienstleister in Service-Branchen.

Und es werden immer mehr. Denn neben den klassischen Service-Branchen hat sich inzwischen ein „vierter“ Wirtschaftssektor etabliert, der Informations- und Kommunikationssektor (IuK), dessen Produkte bereits zu einer erheblichen Umwälzung der Mehrzahl der Arbeitsplätze geführt haben. Experten schätzen den Anteil der „Wissensarbeiter“ – also von Arbeitnehmern, die am Arbeitsplatz überwiegend mit Informationen zu tun haben – schon auf rund die Hälfte aller Arbeitsplätze, mit wachsender Tendenz.

Zwar steuern die IuK-Branchen selbst heute erst knapp 7 Prozent zum deutschen Bruttoinlandsprodukt bei, und auch das Desaster am Neuen Markt muss erst noch verarbeitet und verdaut werden – doch am grundsätzlichen Potenzial des Informations- und Wissenssektors ändert das kaum etwas. Schon seit Mitte der neunziger Jahre gibt es in Deutschland rund dreimal so viele Firmenneugründungen in den IuK-Branchen wie in der Gesamtwirtschaft, und der neue Sektor konnte seinen Umsatz verdreifachen.

Die Wissens- und Dienstleistungsgesellschaft in allen Ehren – wer die moderne Wirtschaft verstehen (oder gar politisch lenken) will, der darf nicht den Fehler machen, nun ins andere Extrem zu fallen und die Bedeutung der Industrie zu vernachlässigen oder gar der De-Industrialisierung das Wort zu reden. Das wäre schon deshalb fatal, weil inzwischen rund 40 Prozent der Arbeitsplätze in der Industrie nur rein statistisch zu diesem Sektor gehören – de facto aber sind es Dienstleistungsjobs: Handels- und Bürotätigkeiten, Jobs als Lagerarbeiter, als Koch in der Kantine, als Putzfrau, als Forscher oder (auch das eine Dienstleistung) als Manager.

Service Und nicht zu vergessen all jene Leistungen, die es ohne die Industrie gar nicht geben würde: produktbezogene Dienste. Das industrielle Produkt Computer zum Beispiel zieht Service-Leistungen wie Software, Schulung und Wartung nach sich, und wer sich ein Auto kauft, der kann heute die Finanzierung in der Regel über die hauseigene Bank des Herstellers abwickeln. Wie sehr Industrie und Service miteinander verflochten sind, zeigt auch der so genannte Vorleistungsverbund: Ohne ihre Zukäufe aus dem Service-Sektor hat die Industrie einen Anteil an der gesamten Wertschöpfung von 23 Prozent – mit Zukäufen sind es 32 Prozent.

So weit, so gut – so mittelmäßig. Denn auch wenn sich die Bundesrepublik längst zur Dienstleistungsgesellschaft gemausert hat: Die meisten internationalen Konkurrenten sind leider wieder einmal wesentlich weiter. Ob wir das bekannte Service-Paradies USA zum Vorbild nehmen oder uns mit dem EU-Durchschnitt vergleichen – der Dienstleistungsgrad der deutschen Wirtschaft hinkt noch immer ein erkleckliches Stück hinter den internationalen Standards hinterher. Hier ein paar Beispiele:

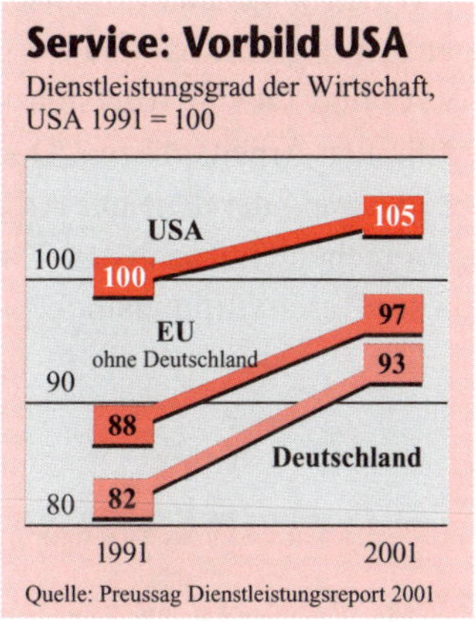

• **Wertschöpfung.** In den USA tragen die Service-Firmen rund 74 Prozent zur gesamten Wertschöpfung bei – Deutschland liegt mit 67 Prozent sogar unterhalb des EU-Durchschnitts von 70 Prozent.

• **Service-Ausfuhren.** Während die Bundesrepublik bei den Waren-Ausfuhren den Titel des Vize-Weltmeisters (Weltmarktanteil 2001: 9,3 Prozent) hinter Spitzenreiter USA (11,9 Prozent) praktisch abonniert hat, tut sich das Land beim Export von Dienstleistungen ungleich schwerer. Mit einem Anteil von nur 5,5 Prozent an der weltweiten Service-Ausfuhr rangiert Deutschland auf Platz vier, knapp hinter Frankreich (5,5 Prozent) und Großbritannien (7,4 Prozent) sowie deutlich abgeschlagen hinter Spitzenreiter USA (18,1 Prozent).

• **Beschäftigung.** Hier zeigt sich der deutsche Rückstand gegenüber der internationalen Konkurrenz am deutlichsten. Selbst wenn wir die USA ausklammern und uns auf einen EU-Vergleich konzentrieren – in Deutschland gibt es tatsächlich einen Job-Brunnen, der nicht ausgeschöpft wird. Während hierzulande nur rund 64 von 100 Erwerbstätigen im Service-Sektor arbeiten, gehen zum Beispiel in Dänemark, Belgien, Schweden, Großbritannien und den Niederlanden zwischen 70 und 75 Prozent aller Jobs auf das Konto der Service-

Branchen. Ein Blick auf das untere Ende der Rangliste (dem Deutschland näher ist als der Spitze) lässt zudem den Zusammenhang zwischen dem Dienstleistungsgrad einer Wirtschaft und dem Wohlstand der entsprechenden Volkswirtschaft ahnen: Die drei Dienstleistungsmuffel Spanien, Griechenland und Portugal sind zugleich (gemessen am Pro-Kopf-Einkommen) die drei „ärmsten" Mitglieder der 15er-EU.

Wie groß genau die deutsche Job-Lücke im Service-Sektor ist, lässt sich nicht genau beziffern, nationale Experten und internationale Organisationen wie die WTO und OECD sprechen je nach Konzept von den bereits zitierten 3 bis 6 Millionen Arbeitsplätzen. Doch selbst wenn es nur die Hälfte der unteren Schätzung wäre – der deutsche Arbeitsmarkt kann nun wirklich jeden einzelnen davon gebrauchen. Im nächsten Kapitel wollen wir uns deshalb ansehen, wie es zu dieser Beschäftigungslücke gekommen ist – und wo die Jobs „versteckt" sind.

2. Arbeitsmarkt Deutschland:
Von Grenzanbietern und Schwarzarbeitern

In Deutschlands Service-Sektor schlummern also Millionen möglicher neuer Jobs vor sich hin, gleichzeitig klagt das Land über eine hartnäckig hohe Arbeitslosigkeit, die mittlerweile mehr als 4 Millionen Frauen und Männer vom Arbeitsleben ausschließt – wie passt das in einer Volkswirtschaft zusammen, die doch nach wie vor den Anspruch erhebt, eine der modernsten der Welt und darüber hinaus auch besonders sozial zu sein?

Im Zeitraffer und aus der Vogelperspektive betrachtet, erkennen wir vor allem zwei Prozesse, deren (nicht rechtzeitig oder gar nicht bedachte) Konsequenzen letztlich zur „deutschen Krankheit" geführt haben. Da sind zum einen die Triebfedern technischer Fortschritt, Globalisierung und Tertiarisierung: Diese weltweiten (also keineswegs nur „deutschen“) Trends haben die Arbeitswelt sozusagen „veredelt“, sie haben die Anforderungen an die Produkte und Produzenten genauso erhöht wie die Anforderungen an die Beschäftigten. In dieser von Chips & Grips angetriebenen und regierten Welt fällt es insbesondere Menschen mit einfachen Qualifikationen immer schwerer, einen Job zu bekommen. Und selbst wenn sie noch eine Arbeit haben, so sind sie doch „Grenzanbieter“ – Menschen, deren Job im Zweifel ein Computer oder ein Roboter besser und vor allem billiger erledigen könnte. Nun wäre es geradezu lächerlich, den Fortschritt der Menschheit für die deutsche Arbeitsmarktmisere verantwortlich zu machen oder gar das Rad der Zeit anhalten zu wollen. Nein, der globale Wandel ist nicht mehr (aber auch nicht weniger) als eine Art internationaler Dauerwettbewerb in Sachen Effizienz – angestrebt wird letztlich immer ein Superlativ, sei es nun die beste Qualität, der niedrigste Preis oder möglichst beides.

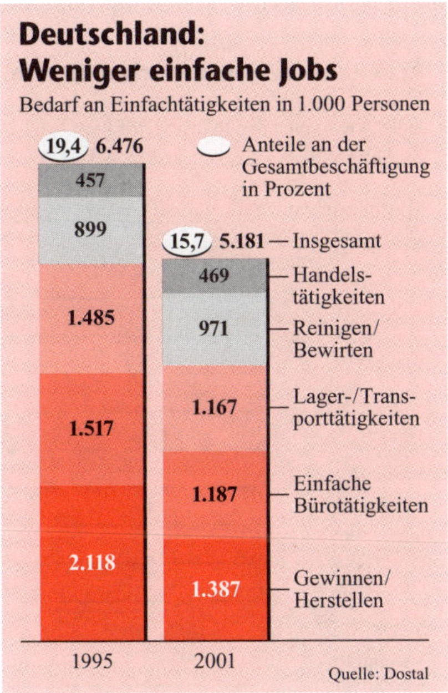

Zu diesen weltweiten (und damit mehr oder weniger hinzunehmenden) Prozessen gesellen sich nun die nationalen, also allein auf deutschem Mist gewachsenen Zutaten: Obwohl die internationale Konkurrenz im Laufe der gerade skizzierten globalen Entwicklung immer größer geworden ist und zum Teil Deutschland in einigen Bereichen sogar überholt hat, tat (und tut) die Bundesrepublik weiterhin so, als sei der Stempel „made in Germany“ noch immer ein im Jungbrunnen getaufter Erfolgsgarant: einmal Wirtschaftswunder, immer Wirtschaftswunder – die Frage war (und ist) selten, ob überhaupt etwas obendrauf kommt, sondern meist geht es nur noch darum, wie groß der Lohnzuschlag und die anderen Wohltaten (vom Staat, von der Wirtschaft) dieses Mal ausfallen.

Die Konsequenzen bekommen die Bundesbürger spätestens seit dem letzten großen Globalisierungsschub (die politische Auflösung des Ostblocks) zu spüren. Das ökonomische Spiegelbild zu den allseits bekannten Krisen der sozialen Sicherungssysteme sind die hohen deutschen Arbeitskosten. In keiner anderen westlichen Volkswirtschaft kostet eine Arbeitsstunde so viel wie in der Bundesrepublik – und das praktisch seit Jahrzehnten. Doch statt dieses Grundübel konsequent anzugehen, beschließt die deutsche Bundesregierung im Herbst 2002 (also mitten in der größten konjunkturellen und politischen Krise seit Jahren) „Reformen“, durch die sich die Arbeit in Deutschland sogar noch weiter verteuert.

Was bedeutet das? Wer zum Beispiel einen Elektriker engagiert, der muss heute pro Arbeitsstunde rund 40 Euro berappen (Anfahrt kostet extra) – dem Handwerker selbst bleiben davon netto – als Ledigem – aber nur etwa 10 Euro, den großen „Rest“ teilen sich das Finanzamt, die Sozialkassen und, wenn man

Arbeitskosten international: „Weltmeister“ Deutschland

Arbeitskosten je geleistete Arbeiterstunde 2001 in der Verarbeitenden Industrie in Euro

	Direktentgelt	Personalzusatzkosten		Personalzusatzkosten in Prozent des Direktentgelts 1980	2001
Westdeutschland	14,44	11,72	26,16	75	81
Norwegen	17,12	8,22	25,33	48	48
Schweiz	16,37	8,59	24,96	47	53
Dänemark	19,58	4,91	24,50	22	25
Belgien	11,84	11,31	23,15	80	96
USA	16,57	6,42	22,99	37	39
Japan	13,13	9,09	22,22	64	69
Finnland	12,51	9,61	22,12	55	77
Niederlande	12,18	9,80	21,98	76	80
Luxemburg	13,99	7,12	21,12	41	51
Österreich	10,90	10,10	21,00	82	93
Schweden	12,35	8,56	20,91	64	69
Vereinigtes Königreich	13,41	5,82	19,23	39	43
Frankreich	9,89	9,03	18,93	80	91
Kanada	13,07	4,97	18,03	32	38
Ostdeutschland	10,09	6,76	16,86	–	67
Irland	11,47	4,54	16,01	34	40
Italien	8,14	7,77	15,92	85	96
Spanien	8,01	6,67	14,68	–	83
Griechenland	5,27	3,59	8,86	56	68
Portugal	3,79	2,96	6,75	–	78

zum Teil vorläufig; Euro-Umrechnung nach Jahresdurchschnitt der amtlichen Devisenkurse

Quelle: Institut der deutschen Wirtschaft Köln

das bei der deutschen Umsatzrendite von 2 bis 3 Prozent überhaupt noch erwähnen soll, der Betrieb. Noch plastischer werden die Folgen der deutschen Eigenart, den (noch dazu überbordenden) Sozialstaat fast ausschließlich über den Faktor Arbeit zu finanzieren, wenn wir den angeblich so „sozialen" (Abgaben)Spieß einmal herumdrehen: Um sich selbst eine einzige Handwerksstunde leisten zu können, muss unser Elektriker rund vier Stunden arbeiten – so etwas kann auf Dauer einfach nicht funktionieren!

Unternehmensinsolvenzen: Herber Schlag auch für Dienstleister

	1999	2000	2001
Insgesamt	26.476	28.235	32.278
Baugewerbe	7.766	8.103	9.026
Sonstige Dienstleistungen	6.184	6.846	8.422
Handel	5.668	5.624	6.005
Verarbeitendes Gewerbe	3.139	3.305	3.655
Gastgewerbe	1.674	1.927	2.204
Verkehr und Nachrichtenübermittlung	1.299	1.714	2.137
Übrige Wirtschaftsbereiche	561	518	596
Kredit- und Versicherungsgewerbe	185	198	233

Quelle: Statistisches Bundesamt

Unser Handwerker-Beispiel kommt nicht von ungefähr. Denn gerade diese Dienstleistungsbranchen leiden besonders darunter, dass die Menschen der ewigen Steuer- und Abgabenerhöhungen überdrüssig sind – und in die Schwarzarbeit flüchten. Seit 1975 ist die Schattenwirtschaft in Deutschland Jahr für Jahr um durchschnittlich fast 10 Prozent gewachsen, ihr Umfang entspricht derzeit rund 17 Prozent des Bruttoinlandsprodukts. Jeder dritte Deutsche, so eine Umfrage, hat selbst schon einmal „brutto für netto" gearbeitet, jeder vierte die illegalen Dienste von Putzfrauen, Nachhilfelehrern und anderen anonymen Steuervermeidern in Anspruch genommen.

Die 1999 gesetzlich verordnete Einbeziehung von 325-Euro-Jobs in die Sozialversicherung – die demnächst wieder rückgängig gemacht wird – dürfte diesen unseligen Trend noch verschärft haben: Innerhalb nur eines Jahres sank die Zahl der legalen Mini-Jobber um mehr als ein Drittel auf nur noch gut 4 Millionen – wie viele schwarz weitergemacht haben, können wir logischerweise nur ahnen.

Doch betrachten wir die Schwarzarbeit einmal aus einer anderen Perspektive: Wenn in der Bundesrepublik jährlich 370 Milliarden Euro am Finanzamt vorbei „erwirtschaftet" werden können, dann bestätigt das zumindest indirekt die oft angezweifelte These, wonach es in Deutschland offensichtlich sehr wohl genug Jobs gibt (also eine Nachfrage nach Arbeit) – weil aber der Preis nicht stimmt, kommen Angebot und Nachfrage nicht zusammen.

Arbeitsmarkt Deutschland

Bevor wir uns im nächsten Kapitel die wichtigsten wirtschaftspolitischen Lösungsansätze für die Erschließung des Beschäftigungspotenzials ansehen, wollen wir zunächst herausfinden, wo genau denn nun diese zig Millionen Arbeitsplätze im deutschen Service-Sektor versteckt sind.

• **Service für private Haushalte.** Putzen, Kochen, Babysitting, Einkaufen, Nachhilfe: Millionen von (meist) Frauen erledigen tagein, tagaus diese Arbeiten – ohne je einen Cent dafür zu bekommen. Das wird sich bald ändern, sagen Experten, und sie meinen damit keineswegs die Einführung eines obligatorischen Hausfrauenlohns, sondern vielmehr die Tatsache, dass auch in Deutschland grundsätzlich „eine Bereitschaft und ein Bedarf zur Kommerzialisierung“ dieser Dienstleistungen bestehen. Immer mehr berufstätige Frauen, steigende Einkommen, eine alternde Bevölkerung – all das sind in der Tat gute Gründe, den konsum- und haushaltsorientierten Service-Branchen in Deutschland einen Boom vorauszusagen.

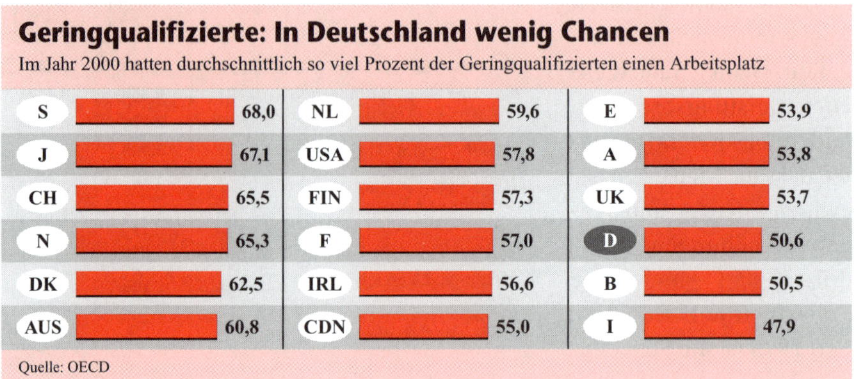

Es liegt in der Natur der Sache, dass private Haushalte zwar nicht ausschließlich, aber doch vor allem „einfache“ Dienste nachfragen. Ob Rasen mähen, mit dem Hund Gassi gehen oder die Wochenend-Einkäufe erledigen – für viele dieser Service-Jobs sind nun mal weder ein Meisterbrief noch ein Doktorhut vonnöten. Folglich sind diese Arbeiten (sofern wir dafür sorgen, dass sie überhaupt angeboten werden) vor allem für jene interessant, die ansonsten eine immer kleinere Chance haben – Menschen ohne ausreichende Qualifizierung. In Deutschland sind das erschreckend viele: Mehr als die Hälfte der offiziell gemeldeten Arbeitslosen zählt derzeit zu den Geringqualifizierten – damit landet die Bundesrepublik im internationalen Vergleich (einmal mehr) auf einem der hinteren Plätze. Gleiches gilt logischerweise auch für die Beschäftigungsquote der Geringqualifizierten: Kaum mehr als die Hälfte von ihnen hatte im Jahr 2000 eine Arbeit – lediglich in Belgien und Italien waren es noch weniger.

Allein diese einfachen Dienstleistungen könnten, so eine Studie des Bundeswirtschaftsministeriums, für rund 2,3 Millionen neuer Jobs sorgen – vorausgesetzt allerdings, der dafür nötige Niedriglohnsektor (siehe nächstes Kapitel) wird in Deutschland überhaupt erst einmal erschlossen.

Service-Leistungen für private Haushalte beschränken sich aber keineswegs auf einfache Jobs. Die dramatische Überalterung der deutschen Gesellschaft sorgt zum Beispiel auch dafür, dass die Nachfrage nach Profis steigen wird, angefangen bei ambulanten Pflegediensten über die Entwicklung besserer Gesundheitsprodukte bis hin zu geschulten Beratern, Vermittlern und Organisatoren. Darüber hinaus werden private Bildungsangebote künftig genauso zum Alltag gehören wie das praktisch jeden Tag zunehmende bunte Angebot der Medien-, Informations- und Kommunikationsbranchen.

- **Service für Unternehmen.** Wir erinnern uns: Eine Konsequenz des Übergangs in die Dienstleistungsgesellschaft ist der massive Arbeitsplatzabbau in der Industrie. Seit 1991 sind hier in Deutschland bereits über 3 Millionen Jobs verloren gegangen – und Experten gehen davon aus, dass die aktuelle Beschäftigungsstärke bis zum Jahr 2020 noch einmal um ein Fünftel abnehmen wird. Wie wir ebenfalls bereits wissen, dürfen diese Zahlen aber nicht mit einer generellen De-Industrialisierung gleichgesetzt werden, denn ein Teil der „verlorenen“ Arbeitsplätze ist lediglich „outgesourct“ (also aus den Unternehmen ausgelagert) worden, um Kosten zu sparen. Die Devise „zukaufen statt selber machen“ hat dafür

Service-Jobs von morgen

Informationsdienste: bedarfsgerechtes Wissen bereitstellen; **Vermittlungsleistungen:** Suche nach Netzwerkpartnern, Aufgabenkoordination; **Auditierung:** Zertifizierung, Ranking, Bonitätsprüfung sowie Überprüfung von Qualitätsstandards, Zuverlässigkeit und Zahlungsmoral der Partner; **Clearingdienste:** Liquiditätsmanagement und Rechnungswesen, administrative Entlastung; **Konvertierungsdienste:** Übersetzungsbüros, Datenkonvertierung; **Logistikdienste:** freier europäischer Warenaustausch erfordert umfassende Logistikdienste; **Risiko-Managementleistungen:** Factoring, Bürgschaften und Wechselkurssicherung vor dem Hintergrund der Marktglobalisierung; **Schlichtungsdienste:** für außergerichtliche Auseinandersetzungen vor dem Hintergrund schwer durchschaubarer unterschiedlicher rechtlicher Regelungen im Welthandel; **Moderation:** Coaching und interkulturelle Kompetenz fördern; **Qualifizierung:** maßgeschneiderte Angebote für Betriebe.

Quellen: Bruhn/Meffert 2001, Fuchs/Stolorz 2001, Piller 2001

gesorgt, dass vor allem die unternehmensnahen Dienstleister seit Jahren einen starken Aufwind erfahren und inzwischen fast ein Drittel der gesamten deutschen Wertschöpfung erwirtschaften.

Nicht weniger rosig sind die Aussichten für diejenigen Service-Branchen, die mit Mobilität und Logistik ihr Geld verdienen. Der Welthandel steigt, Menschen und Material sind mobil wie nie zuvor: Allein bis zum Ende dieses Jahrzehnts wird sich der Güterverkehr auf der Straße fast verdoppeln, dem Individualverkehr sagen Experten eine Zunahme von fast 30 Prozent voraus. All das muss organisiert, koordiniert und kommuniziert werden – und weil immer mehr Länder am internationalen Handel teilnehmen, braucht die Wirtschaft von morgen auch Dienstleister, die es heute entweder noch gar nicht gibt oder die (fast) keine Rolle spielen: „Moderatoren" zum Beispiel kümmern sich um die interkulturellen Angelegenheiten in global tätigen Unternehmen, externe „Clearingdienste" übernehmen das Liquiditätsmanagement und das Rechnungswesen, „Risiko-Manager" erledigen die Wechselkurssicherung.

Vieles davon ist jedoch in der Bundesrepublik noch eher Zukunftsmusik. Ob einfache Jobs oder hypermoderne Dienstleistungen – in Politik und Praxis bringt das Land schon seit langem weder das eine noch das andere in nennenswertem Umfang zustande. In großen Teilen der Gesellschaft ist schon das Wort „einfache" Arbeit ein Angriff auf die Menschenwürde. Es erscheint den Bundesbürgern „sozialer", einen 50-Jährigen in Frührente zu schicken, als ihm einen Hilfs-Job im Supermarkt zuzumuten. Gleichzeitig kann oder will sich die deutsche Konsensgesellschaft nicht zu der Einsicht durchringen, dass es Spitzenleistungen nicht ohne Spitzenleute gibt – und so richtet man sich in deutscher Gemütlichkeit schon seit Jahren in immer mehr Bereichen auf internationales Mittelmaß ein (die PISA-Ergebnisse sind das bekannteste Beispiel dafür).

Gegen diese eher psychologischen Ursachen der deutschen „Mentalitätslücke" kann die Politik allein wenig ausrichten (zumal sie ja selbst Teil des Problems ist). Sehr wohl aber kann und muss der Gesetzgeber dafür sorgen, dass die wirtschaftspolitischen Rahmenbedingungen stimmen. Und dazu bedarf es nicht einmal großartiger Visionen, zumindest für den Anfang würde uns auch solide Handarbeit reichen: Statt ständig zu versuchen, mit Flickschusterei die unangenehmen Konsequenzen aus dem Versäumten zu kaschieren („sozial abzufedern", wie es so falsch heißt), muss die Bundesrepublik endlich jenen Strategien folgen, über die hierzulande seit Jahrzehnten nur diskutiert wird – während die meisten anderen westlichen Volkswirtschaften sie längst umgesetzt haben. Fangen wir deshalb im nächsten Kapitel gleich damit an.

3. Die Dienstleistungsgesellschaft:
Mit Strategie und Phantasie

Auch wenn Weitsicht und Analyse im Stakkato der Mediendemokratie kaum noch Platz haben: Wer den Tanker Deutschland nicht nur so gerade noch über den nächsten TÜV bringen, sondern damit auf den Weltmeeren konkurrieren will, der wird nicht umhin kommen, den Menschen endlich und wenigstens jene Wellen zu zeigen, die längst auf uns zurollen. Eine ehrliche Diskussion, das Anerkennen von Fakten sowie eine nüchterne und objektive Analyse der Konsequenzen – viel wäre gewonnen, wenn diese im Grunde doch recht bescheidenen Minimalanforderungen an ein modernes Staatswesen erfüllt wären. Dass dem aber leider nicht so ist, zeigt folgende „Mängelliste“ deutscher Wirtschaftspolitik und -philosophie:

- **Einkommen: Das Gleichmacher-Syndrom.** Gleicher Lohn für gleiche Arbeit? Geschenkt! Und wo das noch nicht so ist – Dampf machen! Zuweilen beschleicht einen jedoch der Verdacht, dass diese Parole in Deutschland auf „gleicher Lohn für alle“ verkürzt werden soll. Es ist schon kurios: Obwohl sich die Welt seit zehn Jahren politisch und ökonomisch dramatisch verändert und die Bundesrepublik aufgrund der Zusatzaufgabe Vereinigung von diesem Wandel sogar stärker betroffen ist als alle anderen (16 Millionen „neue“ Bundesbürger zu integrieren ist nun wahrlich kein Pappenstiel), hat Deutschland einfach weiter so getan, als hätte der heimische Arbeitsmarkt mit allem Möglichen zu tun – nur nicht mit dem Weltmarkt und der Globalisierung. Ganze Industriezweige sind perdu, die Konkurrenz wird immer zahlreicher und besser, die Bildungsleistungen lassen zu wünschen übrig, die Bevölkerung überaltert, die Sozialkassen sind leer, und der Staat ist mehr oder weniger pleite – doch wen kümmert's? So wenig wie irgendeine Bundesregierung mehr als ein Reförmchen zustande gebracht hat, so wenig hat sich auch in der Gesellschaft getan.

Die Dienstleistungsgesellschaft

Ein Beispiel: Seit Jahren wissen wir, dass viel zu hohe Arbeitskosten die deutsche Wettbewerbsfähigkeit gefährden – doch bis auf wenige Ausnahmen wird dies schlichtweg ignoriert: Als hätte sich nichts getan, ist die Lohnspreizung (der „Abstand“ zwischen der untersten und der obersten Tarifgruppe) in den meisten Branchen absolut gleich geblieben: Zwischen 1991 und 2000 gab es fast durch die Bank null Komma null Zugeständnisse an die veränderten Wettbewerbsbedingungen.

Selbstverständlich müssen gering qualifizierte Menschen auch andere Alternativen haben als nur einen geringer bezahlten Job, Weiterbildung und Umschulung zum Beispiel. Aber diese Hilfen haben Grenzen: Es ist doch illusorisch, etwa einen 55-jährigen ehemaligen Werftarbeiter noch zu einem EDV-Spezialisten umschulen zu wollen – dieses Geld lässt sich wahrlich besser investieren. Genauso weltfremd ist es, diese Menschen mit teuren Pseudo-Übergangsregelungen schon Jahre vor ihrem 65. Geburtstag de facto auszumustern. Und am schlimmsten ist die „Arbeitslosenfalle“, also die erschreckende Tatsache, dass es sich angesichts der sozialen Absicherung in Deutschland für viele noch nicht einmal mehr lohnt, arbeiten zu gehen: Das „Gehalt“ vom Staat ist praktisch genauso hoch wie das, was man durch eine seiner Qualifikation (Produktivität) entsprechenden Arbeit verdienen könnte.

Was also ist zu tun? Für die richtige Antwort gibt es wohl selbst bei Günther Jauch nur 50 Euro: Deutschland braucht einen Niedriglohnsektor, also Arbeiten, mit denen Geringqualifizierte ihren Lohn selbst erwirtschaften können. Und natürlich muss dieser Lohn niedriger sein als etwa für einen Facharbeiter – erst wenn dessen Produktivität erreicht ist (gleiche Arbeit), gibt’s auch gleichen Lohn. Doch hierzulande gelten solche ökonomischen Selbstverständlichkeiten schon traditionell als „unsozial“. Also wurden und werden gerade die unteren

Service-Sektor: Viele neue Aufgaben

Neue Dienstleistungen	Neue Berufsbilder
Banken und Versicherungen	
Online-Buchungsverkehr, interaktive Kundenberatung, elektronisches Bargeld	Bank- und Versicherungskaufmann mit Qualifikation für Online-Vertrieb, System- und Softwareentwickler, Kryptologe
Bildungswesen	
Online-Unterricht, multimediale Lernprogramme, Online-Bibliothek, Online-Kommunikationsformen, Online-Prüfung	Online-Lehrer, Online-Tutor, Lernprogrammgestalter, Computergrafiker, Videogestalter, Softwareentwickler, Systementwickler und -administrator, Telemetriker
Dienstleistungen für Unternehmen	
Telesekretariat, Teleorganisations-, -planungs- und -übersetzungsdienste, telekommunikative Durchführung von Verwaltungsarbeiten, Wirtschaftsprüfung, Steuer- und Rechtsberatung	Telesekretär, Teleübersetzer, zum Teleconsulting qualifizierter Wirtschaftsprüfer, Steuer- und Rechtsberater, Systementwickler und -administrator, Softwareentwickler, Kryptologe
Gesundheit	
Telesprechstunde, Tele(gemeinschafts)-diagnose, Teletherapie, Telegesundheitsinformationsdienste	Mediziner mit Qualifikation für Telemedizin, telemedizinischer Assistent, Softwareentwickler, Telekommunikationstechniker
Handel	
Multimediale Warenpräsentation, Software-gesteuerte Preisvergleiche und Produktauswahl, Hypertext-Produktinfo, Expresszustellservice, Logistikdienste, elektronischer Zahlungsverkehr, elektronischer Marktplatz, interaktive Produktgestaltung	Kaufmann mit Qualifikation für Online-Vertrieb, Online-Entwickler, Computergrafiker, Bildschirmtexter, Virtual-Reality-Designer, Softwareentwickler, Videogestalter, Paketzusteller, Logistikorganisator, Kryptologe
Information und Unterhaltung	
Online-Zeitung, Online-Bibliothek, Online-Archiv, interaktives Fernsehen, Pay-TV, Video-on-Demand, Computerspiele, Softwaredienste, Electronic Publishing	Online-Redakteur, Netzwerkarchivar, Computergrafiker, Videogestalter, Virtual-Reality-Designer, Info-Lotse, Softwareentwickler, Systementwickler und -administrator, Kryptologe
Nachrichtenübermittlung	
E-Mail, Bildtelefon, Videokonferenz, Online-Kommunikation, Mobiltelefone	Telekommunikationstechniker, Softwareentwickler, Systemadministrator
Staatliche Verwaltung	
Elektronischer Formularverkehr, interaktive Beratung, dezentralisierte/multifunktionale Verwaltungsdienste	Verwaltungsangestellter mit Qualifikation für Online-Registratur, Softwareentwickler, Systementwickler und -administrator
Transport	
Telenavigation, Verkehrsleitsysteme, selbstregulierende Verkehrssteuerung, integrierte Personen- und Gütertransportdienste durch Verknüpfung von öffentlichem und individuellem Verkehr sowie der Verkehrswege, individuelle Verkehrsinformationsdienste, international vernetzte Verkehrssysteme	Systementwickler und -administrator, Softwareentwickler, Logistikorganisator, Softwareentwickler, Telemetriker, Telekommunikationstechniker, Prozessplaner, Transportfahrer mit Computerqualifikation

Quelle: Kieler Institut für Weltwirtschaft

Die Dienstleistungsgesellschaft

Einkommen überproportional angehoben (also stärker als die anderen) – solange, bis die Menschen mit diesen Jobs förmlich aus dem Arbeitsmarkt „hinausgepreist“ sind, weil sie nämlich auf Deutsch gesagt schlicht und einfach mehr Kosten verursachen als sie an Wert erwirtschaften können. Deshalb ist es eigentlich nur logisch, wenn die Wirtschaft immer weniger solcher Arbeitsplätze anbietet und somit den meisten Geringqualifizierten eine jahrelange Arbeitslosigkeit bevorsteht. In Deutschland stolpert schon mehr als die Hälfte aller Arbeitslosen in diese Falle, aber das geht als „sozial“ durch – schließlich gibt es ja Stütze.

Niedriglohnsektor, wieder so ein typisch deutsches depressives Wort. Und weil Dunkles sich am besten mit Dunklem verträgt, geben die notorischen Schwarzmaler dem Ganzen von vornherein keine Chance: Bad jobs, working poor, so lauten ihre importierten Anglizismen aus den USA. Denn gerade im Dienstleistungsmekka Amerika, wo die Jobmaschine bis zur jüngsten Krise wie geschmiert gelaufen ist, haben die Skeptiker das Übel ausgemacht: Millionen von Billig-Jobs ohne jede soziale Absicherung, man braucht schon mindestens drei von ihnen, um überhaupt durchzukommen.

Nun ist es kein Geheimnis, dass sich die Amerikaner in der Tat bei weitem kein so umfangreiches staatliches Sozialsystem leisten wie Deutschland und dafür viel mehr auf private Systeme setzen. Was jedoch die Millionen neu geschaffener Jobs im US-Service angeht, so werden nachweisbar drei Viertel davon überdurchschnittlich gut bezahlt. Die ebenfalls neu geschaffenen Einfach-Jobs sind also nur ein Teil der Lösung, nicht die Lösung selbst. Denn die heißt: Der Preis muss stimmen, genauer gesagt: die Preise – in diesem Punkt unterscheidet sich die „Ware“ Arbeit letztlich weder von einem Auto noch von einer Fußreflexzonenmassage. Wer 350.000 Euro für einen Maybach ausgibt, der erwartet zu Recht mehr als einen Motor, vier Räder und einen Rahmen. Womit wir mitten in Deutschland sind: Erst wenn die Rahmenbedingungen stimmen, so das Bundeswirtschaftsministerium im Sommer 2002, könnten mit einem Niedriglohnbereich in Deutschland eben besagte 2,3 Millionen Arbeitsplätze geschaffen werden.

- **Bildung: Das Hänschen-Syndrom.** Seit Generationen dröhnt es den Schulkindern in den Ohren: „Was Hänschen nicht lernt, lernt Hans nimmermehr“, pflegen Mama, Papa und Lehrer immer dann zu sagen, wenn sie mit ihrer Pädagogik (und/oder Geduld) am Ende sind. Wenn's hilft, gut. Doch wenn Hänschen dann irgendwann erwachsen ist, wird er feststellen, dass die Sache nicht so ganz stimmt: Er kann nämlich pauken so viel er will – auch als Hans hört das Lernen nie auf. Wie auch? Die Halbwertzeit des Wissens ist inzwischen kürzer als die Lebensdauer der meisten Boy-Groups – zwei, drei Jahre, und sie sind raus aus den Charts.

Wenn das so ist, warum um alles in der Welt leistet sich Deutschland dann zum Beispiel den Luxus, seine Studentinnen und Studenten länger auszubilden als die meisten anderen westlichen Nationen? Ganz zu schweigen davon, dass das deutsche Bildungssystem es ja trotz (!) der längeren Schulzeiten offensichtlich nicht schafft, genügend Nachwuchs hervorzubringen, der sich mit den weit weniger zeitintensiv geschulten Youngstern aus anderen Ländern messen kann. Finnen, Kanadier, Neuseeländer – die Schüler aus insgesamt 20 Ländern können zum Beispiel besser lesen als deutsche Kids. In Mathematik und in den Naturwissenschaften ist das deutsche PISA-Ergebnis bekanntlich ähnlich schief.

Die Konsequenz – eine grundlegende Bildungsreform – ist zwar an dieser Stelle nicht unser Thema, erwähnt sei aber, dass ohne zeitliche und inhaltliche Reformen auch die Beschäftigungslücke nicht geschlossen werden kann. Gera-

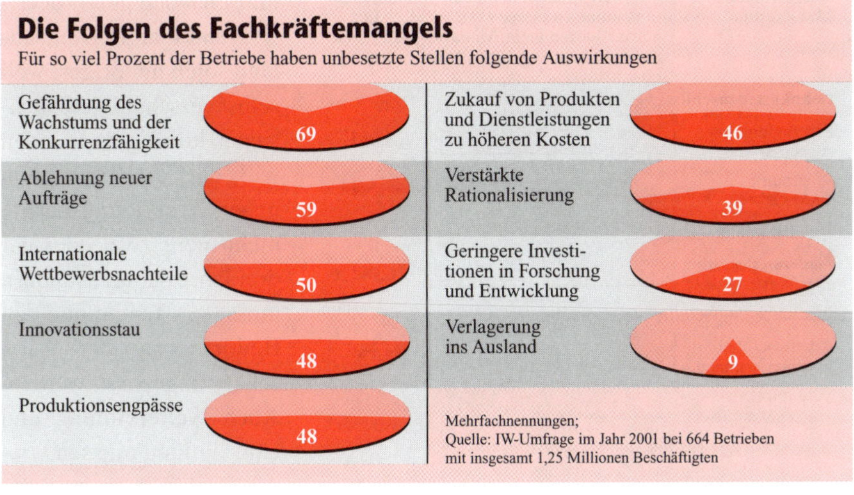

de die moderne Service-Gesellschaft verlangt ein hohes Qualifikationsniveau: Drei Viertel der Beschäftigten in den Service-Branchen sind Akademiker – und in der gesamten Wirtschaft wird die Zahl jener, die „qualifizierte oder hoch qualifizierte" Tätigkeiten ausüben, nach einer Studie der Schweizer Prognos AG von 64 Prozent (1995) auf 71 Prozent im Jahr 2010 steigen.

Doch es gibt auch gute Nachrichten für Hänschen (und selbstverständlich für Lieschen). Jahrelang ignoriert, hat sich bei dem Ausbildungsangebot in den Service-Berufen einiges getan. So gibt es inzwischen zum Beispiel den Ausbil-

Die Dienstleistungsgesellschaft

dungsberuf des Dienstleistungskaufmanns samt Ableger für das Gesundheitswesen, die Sport-, Fitness- und die Veranstaltungsbranchen; und seit ein paar Jahren kann sich der interessierte Nachwuchs endlich auch in Deutschland in zahlreichen neu geschaffenen IT-Berufen ausbilden lassen.

Allein die Greencard-Aktion der Bundesregierung zeigt jedoch, dass die deutschen Bildungsversäumnisse nicht so schnell auszumerzen sind. Es dauert nun einmal etliche Jahre, bis die auf den Weg gebrachten (und vor allem die noch zu beschließenden) Maßnahmen Wirkung zeigen werden. Bis dahin hat die Bundesrepublik, so absurd das bei über 4 Millionen Arbeitslosen auch erscheint, mit einem gravierenden Fachkräftemangel zu kämpfen – rund sieben von zehn Unternehmen sehen dadurch Konkurrenzfähigkeit und Wachstumschancen gefährdet.

Aktive Arbeitsmarktpolitik: Milliarden ohne Wirkung

Ausgewählte Maßnahmen	So viel Prozent der Teilnehmer an dieser Maßnahme hatten sechs Monate danach einen regulären Job	Ausgaben in Millionen Euro
Lohnkostenzuschüsse		
Eingliederungszuschüsse	70,8	1.062
Programm SAM OfW	54,4	204
Qualifizierung		
Förderung beruflicher Weiterbildung	37,3	6.982
Beschäftigungsschaffende Maßnahmen		
Arbeitsbeschaffungsmaßnahmen	13,6	2.976
Strukturanpassungsmaßnahmen	21,2	668

Stand: 2001; SAM OfW: Strukturanpassungsmaßnahmen Ost für Wirtschaftsunternehmen; Quelle: Bundesanstalt für Arbeit

Wenn man in Deutschland solch unnötiges, weil selbst verschuldetes Nachsitzen künftig vermeiden will, darf die Konzeption neuer Ausbildungsberufe nicht mehr zwei oder gar drei Jahre dauern, sondern muss dem Tempo und den Bedürfnissen der Wirtschaft angepasst werden. Auch Weiterbildung und Umschulung müssen wieder Tuchfühlung mit der betrieblichen Praxis aufnehmen: Was nutzt es, wenn die Bundesanstalt für Arbeit (und somit am Ende der Steuerzahler) 3 Milliarden Euro pro Jahr für Arbeitsbeschaffungsmaßnahmen ausgibt, wenn nach einem solchen sechsmonatigen Training weniger als jeder siebte ABM-Teilnehmer einen regulären Job gefunden hat?

Statt Langzeitarbeitslose (also fast ausschließlich Geringqualifizierte) in teuren, aber letztlich doch nur die Arbeitslosenstatistik schönenden Bildungsmaßnahmen allgemeiner Art zu „parken", sollten sich die Angebote auf das

Wesentliche konzentrieren: auf die wirklich Benachteiligten (Stichwort „Hängemattenmentalität") und darauf, das zu vermitteln, woran es den Betroffenen oft am meisten mangelt, die Fähigkeit, sich auf dem heutigen Arbeitsmarkt selbstständig „zu bewegen", zu agieren – und nicht, wie es lange Zeit Usus (weil ausreichend) war, praktisch nur auf Anweisungen hin aktiv zu werden. Es geht also um Kompetenzen, die weit über das fachspezifische Berufswissen hinausgehen – nämlich darum, sich später (wenn der Job in der Tasche ist) auch in Eigenregie darum zu kümmern, beruflich „wettbewerbsfähig" zu bleiben.

Apropos Eigeninitiative: Wenn wir über die moderne Dienstleistungsgesellschaft reden, dann spielt ein Thema eine ganz besondere Rolle: Existenzgründungen. Der Trend hin zu immer mehr Service-Leistungen für private Haushalte und für Unternehmen ist geradezu ein idealer Nährboden für eine neue Kultur der Selbstständigkeit. Nun wird auch darüber schon seit langem geredet – getan hat sich allerdings noch nicht allzu viel. Zwar werden immer wieder neue Förderprogramme aufgelegt, es gibt private Gründerinitiativen für junge Leute und für Frauen, und auch die rot-grüne Bundesregierung hat nach ihrer Wiederwahl mit der eigenwilligen (und sicherlich kritikwürdigen) Konstruktion der Ich-AG doch immerhin ein gewisses Maß an Phantasie bewiesen.

Alles gut und schön – nur: Manchmal ist weniger mehr. Weniger Bürokratie, lieber Gesetzgeber, nicht mehr! In Deutschland kann es noch immer Monate dauern, bis ein Existenzgründer alle bürokratischen Hürden genommen hat – bis zu neun verschiedene Bewilligungen sind zur Eröffnung eines neuen Ladens nötig. Die staatliche Regelungswut ist ungebremst: Zwar hat die rot-grüne Koalition in ihrer ersten Amtszeit 95 Gesetze gestrichen – aber leider auch 396 neue Paragraphenwerke gestrickt. Insgesamt hat es die Ahnengalerie der deutschen Gesetzgeber fertig gebracht, dass wir uns heute durch weltrekordverdächtige 2.197 Gesetze mit 46.799 Einzelvorschriften durchwühlen müssen. Hinzu kommen 3.131 Verordnungen mit insgesamt 39.197 Einzelbestimmungen – und höchstwahrscheinlich sind selbst diese Zahlen schon längst wieder überholt.

Kleinst-Unternehmen leiden besonders stark unter den staatlichen Auflagen: Nach einer Studie der Deutschen Ausgleichsbank haben sie (relativ gesehen) dreimal höhere Bürokratiekosten zu schultern als Mittelständler oder Großunternehmen. Nach Schätzungen des Bonner Instituts für Mittelstandsforschung summieren sich die Bürokratiekosten für alle Unternehmen in Deutschland jährlich auf rund 30 Milliarden Euro, im Schnitt werden für die vom Staat verlangten Frondienste 92 Arbeitstage und gut 30.000 Euro Kosten veranschlagt.

Die Dienstleistungsgesellschaft

Kann man aus einem Land der Malocher ein Land des Lächelns machen? Mit dieser Frage haben wir angefangen, und mit der Antwort darauf wollen wir schließen: selbstverständlich. Doch dazu muss man den Menschen auch ihre natürliche Freude an der Arbeit lassen – oder besser gesagt: zurückgeben. Mal abgesehen von der Binsenwahrheit, dass wir erst einmal für eine ausreichende Zahl von Arbeitsplätzen sorgen müssen, kann die oft zitierte „Mentalitätslücke" in der deutschen Gesellschaft ganz bestimmt nicht geschlossen werden, wenn allein schon das Gewicht der Steuerklärung ausreicht, die Mundwinkel wie Blei nach unten zu ziehen – von Grausamkeit und Problematik des Unterschieds zwischen brutto und netto mal ganz zu schweigen. Das vielleicht größte Problem der Bundesrepublik ist, dass sie (viele Politiker, große Teile der Gesellschaft) heute keine Visionen für morgen hat. Die einen hetzen von Wahlkampf zu Wahlkampf, hinken aber bei der Umsetzung des dort Versprochenen nur hinterher, sie reagieren und reparieren, Krisenmanagement statt Kreativität; und die anderen bezahlen die Rechnung dafür und werden einfach das Gefühl nicht los, dass „es sich irgendwie nicht mehr lohnt". Arbeiten um Arbeitslosigkeit zu finanzieren? Wer kann darüber schon lachen?

»Wenn du nicht lächeln kannst, dann kannst du auch kein Geschäft führen.«

Asiatisches Sprichwort